# BIBLIOTHÈQUE

## DES

# ENFANTS PIEUX

Approuvée par Mᵉʳ l'Évêque de Nevers.

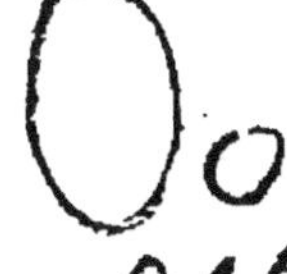

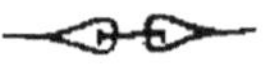

Propriété des Éditeurs.

IHS.

# VIE



# SAINTE ROSE DE LIMA

VIERGE

L'AN 1617

PAR HUBERT LEBON

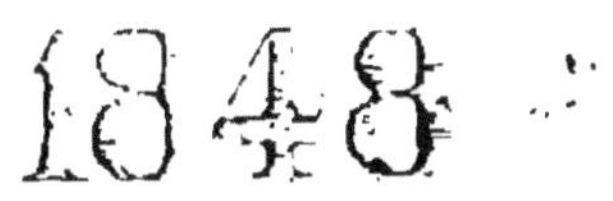

## TOURS

Ad MAME ET Cie, IMPRIMEURS-LIBRAIRES

1846

1848

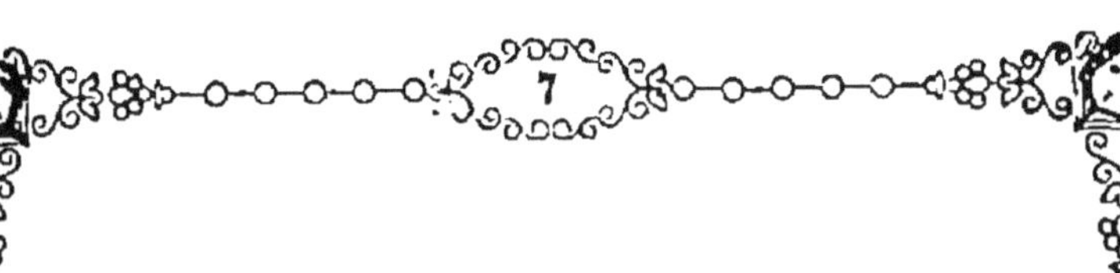

# VIE

## DE

# SAINTE ROSE DE LIMA

L'Asie, l'Europe et l'Afrique avaient été arrosées par le sang d'un grand nombre de martyrs, et, depuis plusieurs siècles, avaient produit une multitude innombrable de saints, que les vastes régions de l'Amérique étaient encore plongées dans les plus

épaisses ténèbres de la barbarie
et de l'ignorance.

Enfin, les miséricordes de Dieu
éclairèrent des lumières de la foi
ces régions désolées par l'idolâ-
trie. La Sainte dont nous écrivons
la Vie fut un des premiers dia-
mants qui brillèrent sur la couronne de cette Église naissante.
Rose fut la première à laquelle on
décerna sur ce sol néophyte un
culte religieux.

Rose, à son baptême, avait
reçu le nom d'Isabelle; mais la
fraîcheur et la beauté de son
visage lui firent donner plus tard
le nom de Rose, nom qui lui fut
toujours conservé. Elle était d'ex-

traction espagnole , et naquit à Lima, ville du Pérou bâtie dans la vallée de ce nom.

Dès ses premières années, on vit briller en elle la piété d'un ange, mêlée aux rigueurs d'une pénitente. Avide de mortifications, elle jeûnait, étant encore enfant, trois jours de la semaine au pain et à l'eau , et ne vivait les autres jours que d'herbes et de racines mal assaisonnées.

Sainte Catherine de Sienne, morte en 1380 et dont elle connaissait la vie angélique et mortifiée, fut le modèle qu'elle se proposa dans tous ses exercices.

Rose avait en horreur tout ce

qui était capable de la porter à l'orgueil et à la sensualité. Les éloges que l'on se plaisait à donner à son extrême beauté, la faisaient souvent gémir aux pieds de Dieu dans la crainte qu'elle avait de devenir pour les autres une occasion de chute. Aussi son humble candeur et sa charité lui suggérèrent-ils divers stratagèmes pour altérer sa beauté; ainsi, elle avait imaginé de se frotter le visage et les mains avec l'écorce et la poudre du poivre des Indes, qui, par sa qualité corrosive, détruisait la fraîcheur de sa peau. Quel sujet de confusion pour ces femmes frivoles et mondaines, qui ne sont occupées que de parures, et qui, par leurs vains ajustements, portent de si cruelles atteintes à la simple innocence! On admire les saintes rigueurs qu'exerçaient sur leurs corps les Benoît, les Bernard, les François d'Assise ; leur but était de se fortifier contre les attaques du démon ; mais Rose se punissait elle-même pour préserver les autres du danger.

Notre jeune Sainte, désireuse de plus en plus de s'avancer dans la perfection, entreprit contre elle-même une guerre à outrance. Voulant entièrement crucifier dans son cœur l'amour-propre, source de toutes les passions, elle se fit à un renoncement parfait à sa propre volonté, obéissant à ses parents dans les plus petites choses, et les étonnant par son extrême docilité et sa patience à toute épreuve.

C'est par de tels moyens et par de continuelles violences sur elle-même, que Rose grandit et se fortifia dans la vertu. Son édifice avait pour base l'humilité : il devait être inébranble, car l'humilité est le rocher sur lequel seul peut s'édifier la perfection ; sans elle rien n'est solide, l'amour-propre, étant un poison qui altère, empoisonne, mine et détruit les plus hautes vertus.

Ses parents étant tombés d'un état d'opulence dans une grande misère, elle entra dans la maison du trésorier Gonzalvo, et pourvut à leurs besoins en travaillant, tant qu'ils vécurent, presque jour et nuit pour les aider. Il n'est pas difficile à celui qui aime Dieu d'unir le travail à la méditation. Aimons, et, comme notre jeune Sainte, nous concilierons tout ; et, malgré la continuité du travail, nous n'interromprons pas pour cela le saint commerce du cœur avec Dieu.

Rose fût toujours restée dans la maison Gonzalvo, si des amis ne l'eussent pressée de se marier. Pour se délivrer de leurs sollicitations, et pour accomplir plus facilement le vœu qu'elle avait fait de rester vierge, elle entra chez les religieuses du tiers-ordre de Saint-Dominique. Son amour pour la solitude lui fit choisir une petite cellule écartée ; elle y pratiqua tout ce que la pénitence a de plus rigoureux : elle portait sur sa tête un cercle garni en dedans de pointes aiguës, à l'imitation de la couronne d'épines que le Sauveur avait portée. A l'entendre parler d'elle-même, elle n'était qu'une pécheresse, qui ne méritait pas de respirer l'air, de voir la lumière du jour, et de marcher sur la terre. De là, ce zèle ardent à louer la divine miséricorde, dont elle éprouvait si particulièrement les effets. Lorsqu'elle parlait de Dieu, elle était comme hors d'elle-même ; et le feu qui la brûlait intérieure-

ment, rejaillissait jusque sur ses
traits. C'est ce qu'on remarquait
surtout, lorsqu'elle était en ado-
ration aux pieds de Jésus-Christ
voilé dans l'adorable Eucharistie.
Dans ces heures, si heureuses
pour notre jeune Sainte, on eût
dit, à la voir, un ange descendu
du ciel, et plongé dans une mys-
térieuse extase de l'excessif amour
du Dieu qui fait ses délices d'ha-
biter avec les hommes. Quel spectacle encore, que celui de Rose
assise à la table sainte et recevant
son Dieu dans un cœur consumé
d'amour! Ce sont là de ces tableaux qui appartiennent plus au
ciel qu'à la terre, et qu'il fau-
drait pouvoir montrer à l'univers
entier.

Une ferveur aussi grande et aussi soutenue lui mérita de Dieu plusieurs grâces extraordinaires, que la Sainte put longtemps tenir cachées à la connaissance des hommes.

Dieu n'en éprouva pas moins sa servante. Durant quinze années entières, elle se vit en butte aux persécutions en tout genre des personnes du dehors, et assaillie dans son intérieur par d'affreuses sécheresses et de désolantes aridités; mais Dieu, qui ne permettait ces épreuves que pour perfectionner sa vertu, la soutenait et la consolait par l'onction de sa grâce. Une maladie longue et douloureuse lui fournit une nouvelle occasion de pratiquer la patience. « Seigneur, disait-elle souvent alors, augmentez mes souffrances, pourvu qu'en même temps vous augmentiez votre amour dans mon cœur. »

Enfin, le soleil de l'exil allait se cacher, et Rose allait se réveiller dans les splendeurs du brillant soleil de la patrie. Ah! la jeune vierge ne jeta pas sur la vie d'ici-bas un regard mouillé de larmes, mais elle fixa le ciel et sourit aux anges, qui l'attendaient dans le sein du Dieu son espérance. Eh! qu'aurait donc regretté la pauvre fille? Détachée de tout, elle n'avait toujours soupiré qu'après son Dieu.

« Qu'était-ce que ta vie ?. . . . . . . . . .
Un long acte de foi chaque jour répété !
Tandis que l'insensé buvait à plein calice,
Tu versais à tes pieds ta coupe en sacrifice,
Et tu disais : J'ai soif, mais d'immortalité !

Tu vas boire à la source vive,
D'où coulent les temps et les jours,
Océan sans fond et sans rive,
Toujours plein, débordant toujours !
L'astre que tu vas voir éclore
Ne mesure plus par aurore
La vie, hélas ! prête à tarir,
Comme l'astre de nos demeures
Qui n'ajoute au présent des heures
Qu'en retranchant à l'avenir ?

Oublie un monde qui s'efface,
Oublie une obscure prison,
Que ton regard privé d'espace
Découvre enfin son horizon !
Vois-tu ces voûtes azurées
Dont les arches démesurées

S'entr'ouvrent pour s'étendre encor ?
Bientôt leur courbe incalculable
Te sera ce qu'un grain de sable
Est au vol brûlant du condor !

Tu vas voir la céleste armée
Déployer ses ombres sans fin,
Comme une poussière animée
Qu'agite le souffle divin !
Ces doux soleils dont ta paupière
Devinait de loin la lumière
Vont s'évanouir sous tes yeux,
Et chacun d'eux dans son langage
Va te saluer au passage
Du grand nom que chantent les cieux !

Tu leur demanderas les rêves
Que ton cœur élançait vers eux,
Pendant ces nuits où tu te lèves
Pour te pénétrer de leurs feux ?
Tu leur demanderas les traces
Des êtres chéris dont les places
Restèrent vides ici-bas,

Et tu sauras sur quelle flamme
Leur âme arrachée à ton âme
En montant imprima ses pas !

Tu verras quels êtres habitent
Ces palais flottants de l'éther
Qui nagent, volent, ou palpitent,
Enfants de la flamme ou de l'air,
Chœurs qui chantent, voix qui bénissent,
Miroirs de feu qui réfléchissent,
Ailes qui voilent Jéhova !
Poudre vivante de ce temple
Dont chaque atome le contemple,
L'adore et lui crie : Hosanna !

Dans ce pur océan de vie,
Bouillonnant de joie et d'amour,
La mort va te plonger ravie
Comme une étincelle au grand jour ?
Son flux vers l'éternelle aurore
Va te porter, obscure encore,
Jusqu'à l'astre qui toujours luit.

Comme un flot que la mer souleve
Roule aux bords où le jour se leve
Sa brillante écume, et s'enfuit !

. . . . . . . . . . . . . . . . .

Avais-tu soif de la justice,
Horreur du mal, honte du vice ?
Versais-tu des larmes de sang
Quand l'imposture ou la bassesse
Livraient l'innocente faiblesse
Aux serres du crime puissant ?
Sentais-tu la lutte éternelle
Du bonheur et de la vertu,
Et la lutte encor plus cruelle
Du cœur par le cœur combattu?

. . . . . . . . . . . . . . . . .

Même en t'enivrant de délices
Buvais-tu le fond des calices ;
Heureuse encor n'avais-tu pas
Et ces amertumes sans causes !
Et ces désirs brûlants de choses
Qui n'ont que leurs noms ici-bas ?

Triomphe donc, âme exilée !
Tu vas dans un monde meilleur,
Où toute larme est consolée,
Où tout désir est le bonheur !

. . . . . . . . . . . . . . . . . . . .

Là sont tant de larmes versées
Pendant ton exil sous les cieux,
Tant de prières élancées
Du fond d'un cœur tendre et pieux !
Là tant de soupirs de tristesse,
Tant de beaux songes de jeunesse !
Là les frères qui t'ont quitté,
Epiant ta dernière haleine
Te tendent leur main déjà pleine
Des dons de l'immortalité !

Encore une heure de souffrance,
Encore un douloureux adieu !
Puis endors-toi dans l'espérance
Pour te réveiller dans ton Dieu !
Tel sur la foi de ses étoiles
Le pilote pliant ses voiles

Presse la terre sans la voir,
S'endort en rêvant les rivages
Et trouve en s'éveillant des plages
Plus sereines que son espoir.

(DE LAMARTINE.)

Rose s'endormit doucement en exhalant son âme dans un soupir d'amour pour son Dieu le 24 août 1617, dans la trente-unième année de son âge. L'archevêque de Lima assista à ses funérailles ; le chapitre, le sénat et les compagnies de la ville les plus distinguées se firent un honneur de porter tour à tour son corps au tombeau. Plusieurs miracles opérés par son intercession ayant été examinés juridiquement par les commissaires apostoliques, et attestés par plus de cent témoins, Clément X la canonisa en 1671, et fixa sa fête au 30 août.

Jeune vierge, qui possédâtes toujours votre cœur si intimement uni avec Dieu, si rempli de son saint amour, si soumis à ses volontés adorables, sainte Rose, demandez à Dieu que, à votre exemple, je ne m'attache qu'à lui seul, que je ne veuille que lui seul, et qu'à ma mort, le dernier des battements de mon cœur étant encore pour lui seul, j'aille en

votre société le bénir éternelle-
ment de ses miséricordes et de
son amour.

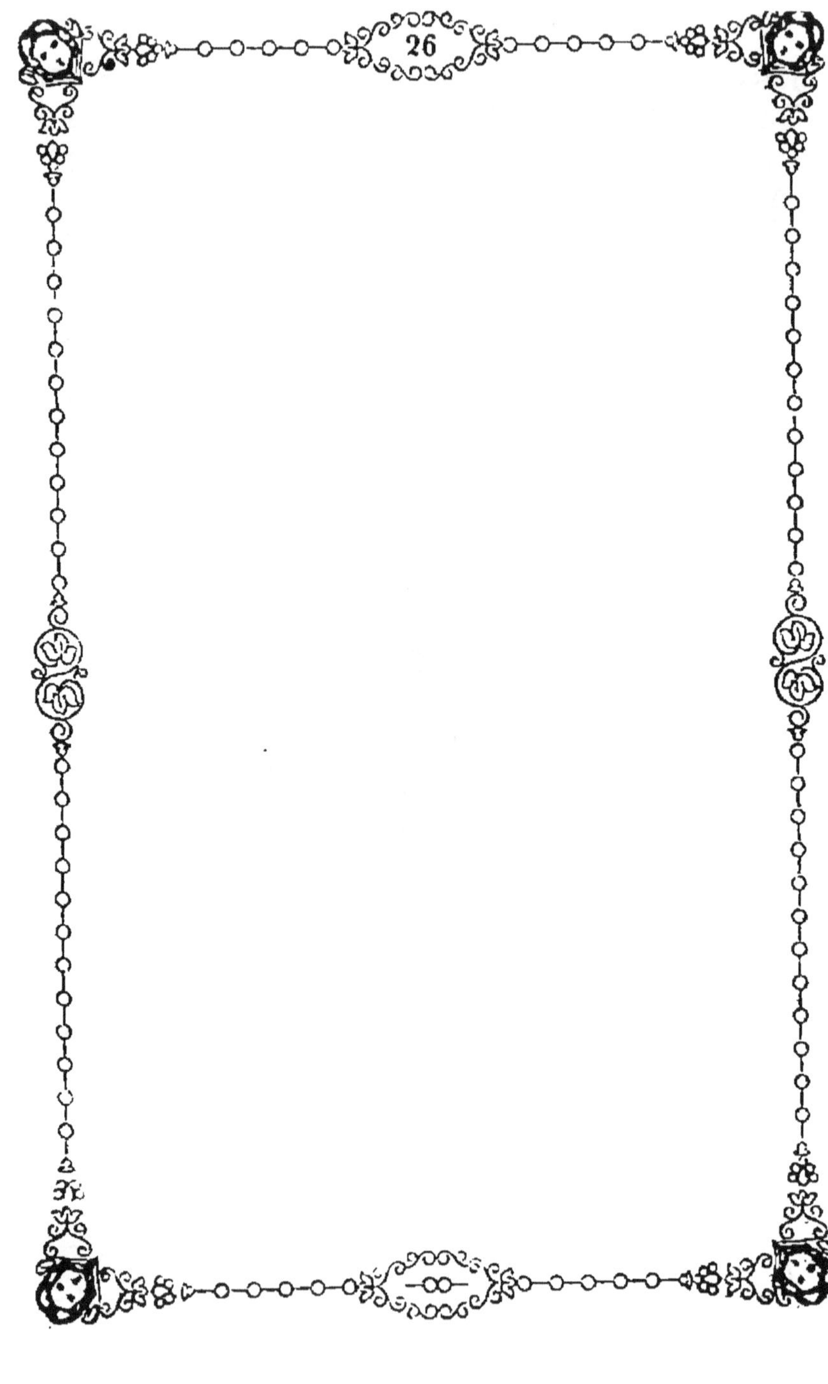

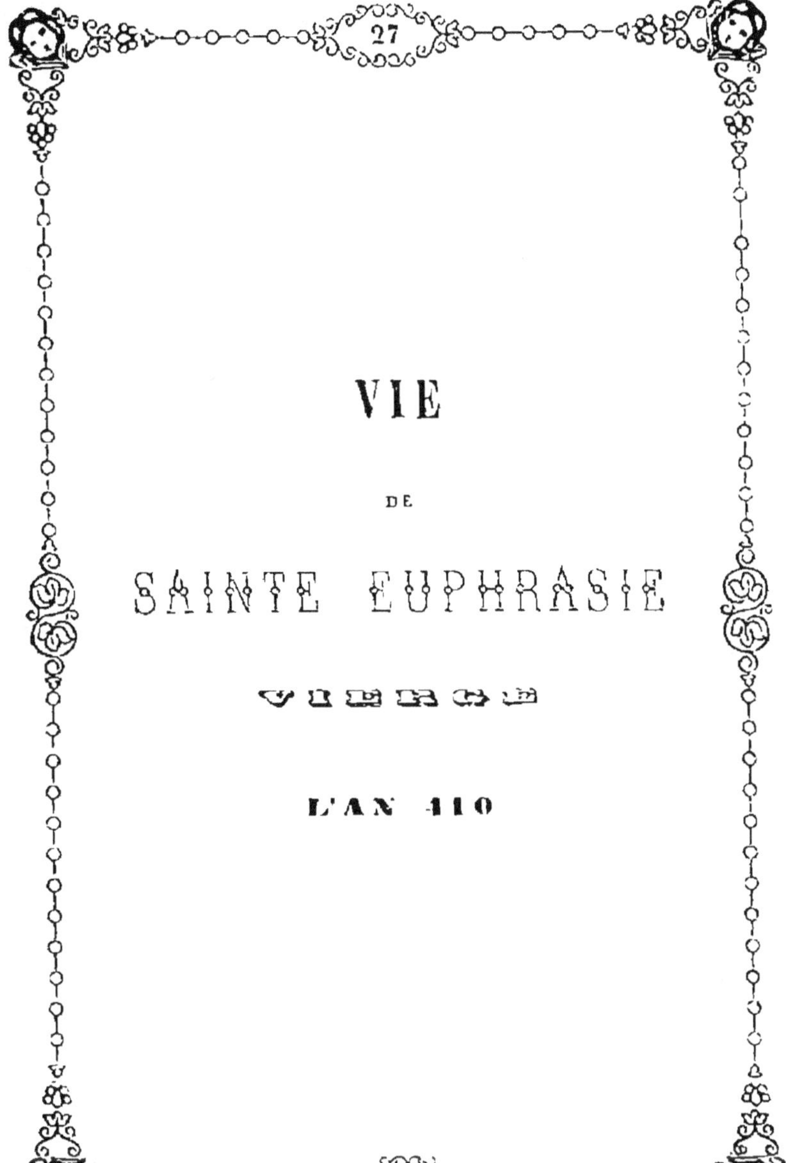



# VIE

DE

# SAINTE EUPHRASIE

## VIERGE

L'AN 410

# VIE

DE

# SAINTE EUPHRASIE

---

Antigone, père de notre Sainte, était un seigneur de la plus haute naissance ; il occupait une des premières places à la cour de l'empereur Théodose le Jeune, et il était son proche parent. Sa religion était exemplaire.

Euphrasie son épouse ne lui cédait en rien du côté de la naissance et de la vertu.

Dieu bénit ce mariage par la naissance d'une fille, à laquelle on donna le nom de sa mère. C'est la Sainte dont nous écrivons la Vie.

Les premiers soins des chastes époux furent de remercier le Ciel de la fécondité qu'il avait accordée à leur union, et de lui protester qu'ils n'élèveraient leur fille que pour l'éternité.

Peu de temps après, le Seigneur ayant appelé à lui le pieux Antigone, plusieurs personnes voulurent engager sa veuve, qui était jeune encore, à passer à de secondes noces ; mais Euphrasie n'écouta aucune des propositions qui lui furent faites. Le commerce du monde lui devenant de jour en jour plus à charge par les distractions qu'elle y trouvait, elle sortit secrètement de Constantinople, et se retira avec sa fille en Égypte où elle avait de riches possessions. La pieuse dame fixa sa demeure dans le voisinage d'un monastère composé de cent trente religieuses, qui édifiaient l'Église par la pratique de toutes les vertus. Leur vie était très-austère : elles ne se nourrissaient que d'herbes et de légumes, et ne mangeaient qu'une fois par jour après le coucher du soleil ; il y en avait plusieurs qui restaient deux et même trois jours sans rien prendre. Un cilice, étendu sur la terre nue, leur servait de lit. Leur habit était d'une étoffe très-pauvre et très-rude. Elles travaillaient des mains, et n'interrompaient presque jamais l'exercice de la prière. Lorsqu'elles étaient malades, elles souffraient avec patience, et n'usaient que des remèdes les plus communs. Elles savaient qu'un trop grand soin de la santé du corps nourrit l'amour-propre, entretient l'immortification, jette dans le relâchement et ruine même quelquefois les tempéraments les plus robustes.

L'exemple de ces religieuses frappait extrêmement la mère de sainte Euphrasie, et était comme un aiguillon puissant qui la portait sans cesse à redoubler de ferveur dans tous ses exercices. Souvent elle visitait le monastère afin de s'affermir de plus en plus dans le désir de tendre à la perfection. Elle offrit aux religieuses un revenu annuel fort considérable, sans autre charge que l'obligation de prier Dieu pour le repos de l'âme de son mari; mais l'abbesse répondit, au nom de toutes ses religieuses, que la communauté ne pouvait rien recevoir. « Nous avons renoncé, dit-elle, à tous les biens et à toutes les commodités du siècle pour acheter le royaume du ciel. Nous sommes pauvres et nous désirons mourir dans la pauvreté. » Cette sainte abbesse ne voulut accepter qu'un peu d'huile pour l'entretien de la lampe de l'église et quelques parfums pour brûler sur l'autel.

La jeune Euphrasie, qui n'était encore âgée que de sept ans, se sentait, quoique si jeune, puissamment attirée vers la vie de retraite et de prière. Elle en fit part un jour à sa mère et, en présence de la supérieure, lui demanda comme une grande faveur la permission de rester dans le monastère et d'y servir Dieu avec les religieuses. La mère pleura de joie en considérant ce que la grâce opérait dans sa fille. Elle lui dit qu'elle y consentait bien volontiers, et, en disant ces mots, elle la présenta à la supérieure. Celle-ci, craignant que le désir de la jeune Euphrasie ne vînt d'une attache passagère assez ordinaire aux enfants qui toujours aiment la nouveauté, lui dit : « Ma chère fille, on ne peut demeurer ici si l'on ne se consacre entièrement à Jésus-Christ. — Eh bien ! je m'y consacre, répliqua Euphrasie. Non mon Dieu, s'écria-t-elle en pressant contre ses lèvres une image de Jésus-Christ ; je ne veux point d'autre époux que vous ; non, je ne sortirai point d'ici, je fais vœu d'y rester toute ma vie. — Si vous demeurez ici, dit la supérieure, il faudra que vous appreniez tout le psautier ; que vous jeûniez tous les jours ; que vous veilliez et que vous pratiquiez beaucoup d'autres mortifications. — J'espère être fidèle à tout, répondit la jeune Euphrasie, pourvu que vous me laissiez avec vous. »

Sa mère, voyant sa constance et croyant reconnaître la grâce de Dieu agissant sur cette enfant, la conduit au pied du Christ et s'agenouillant avec elle, elle fait à Dieu cette prière : « Seigneur Jésus, je vous remets ma fille, recevez-la pour votre enfant. Vous voyez qu'elle n'aime et ne cherche que vous ; c'est donc à vous seul qu'elle se recommande. » Se tournant ensuite vers sa fille, elle lui dit : « Puisse le Seigneur, qui a établi les montagnes sur des fondements iné-branlables, vous confirmer tou-jours dans la crainte de son saint nom ! » A ces mots, elle la remit entre les mains de la supérieure, et sortit du monastère les yeux baignés de larmes. Après que la jeune Euphrasie eut passé quelques jours dans la communauté, on lui donna le voile et l'habit de religieuse.

C'est peu de temps après que la pieuse mère tomba malade et fut avertie que sa fin approchait. Voulant, avant de mourir, donner ses dernières instructions à sa fille, elle la fit approcher de son lit de mort et lui dit : « Ma fille, crains toujours le Seigneur, garde-lui toutes tes affections et confie-toi tout entière à ses soins et à ses promesses. Honore toutes les sœurs en religion, et regarde-toi comme la dernière et la servante de toutes. Oublie ce que tu as été dans le monde, et ne te rappelle jamais que tu es issue du sang des empereurs. Sois humble, pauvre et oubliée sur la terre, afin que tu mérites de participer à la gloire et aux richesses du ciel. » La pieuse mère vécut encore quelques jours, puis s'endormit paisiblement dans le Seigneur. Elle fut enterrée dans le monastère.

La nouvelle de cette mort étant parvenue à la cour de Constantinople, l'empereur Théodose envoya chercher la jeune Euphrasie qu'il avait promise en mariage au fils d'un sénateur, à la fortune duquel il s'intéressait beaucoup. Mais Euphrasie était trop affermie dans sa vocation pour penser à sortir du monastère ; elle renvoya donc à Théodose la réponse suivante : « Invincible Empereur, je suis à Jésus-Christ, je lui appartiens, je ne puis donc me donner à un autre. Tout ce que je souhaite aujourd'hui, c'est que le monde ne se souvienne plus d'Euphrasie. Je vous supplie, par les bontés dont vous honoriez mes parents, de disposer en faveur des pauvres, des orphelins et des églises, de tous les biens qu'ils m'ont laissés. Donnez la liberté à tous les esclaves de ma maison, et accordez à mes fermiers une remise de tout ce qu'ils doivent, afin qu'étant délivrée du soin de mes affaires temporelles, je puisse servir Dieu sans obstacle. » L'empereur ne put retenir ses larmes en lisant cette lettre. Les sénateurs pleurèrent aussi lorsqu'ils en entendirent la lecture. « Voilà, dirent-ils à Théodose, une digne fille d'Antigone et d'Euphrasie ; elle fait honneur au sang illustre qui coule dans ses veines ; c'est un saint rejeton d'une tige vertueuse. » L'empereur exécuta ponctuellement ce que la Sainte lui avait demandé.

Dégagée de tout soin terrestre, la jeune vierge ne songea donc plus qu'à s'avancer à grands pas dans les voies de la perfection de son état. Elle eût beaucoup de combats intérieurs à soutenir, mais elle en sortit toujours victorieuse. On ne peut guère porter plus loin l'humiliation et l'abnégation de soi-même. Ses austérités étaient surprenantes et dépassaient de beaucoup celles de la règle déjà si austère. Elle était deux, trois et même quelquefois sept jours sans prendre aucune nourriture. Son humilité répondait à son abstinence. Elle se regardait comme la servante de toutes, et s'estimait heureuse d'être employée aux occupations les plus basses de la communauté. Le trait suivant montrera jusqu'où elle portait l'humilité et la douceur. Une des servantes du monastère lui demanda un jour, avec aigreur, pourquoi elle ne mangeait qu'une fois la semaine, et si, par cette singularité, elle voulait se distinguer des autres sœurs, qui n'étaient point capables d'une pareille abstinence. Euphrasie répondit qu'elle n'agissait ainsi qu'avec la permission de la supérieure. La servante la traita d'hypocrite, qui cachait une vanité secrète sous des apparences spécieuses. La Sainte, sans rien répliquer, se jeta aux pieds de son injuste accusatrice, lui demanda pardon comme si elle eût été coupable, et la conjura de lui accorder le secours de ses prières. Elle mourut le 13 mars de l'an 410, et à l'âge de trente ans. Dieu la favorisa du don des miracles avant et après sa mort.

Prière.

Vous qui préférâtes aux grandeurs de la terre et aux aises de la vie l'humble pauvreté et les pénitences d'un cloître ; vous qui pour vivre et mourir l'épouse de Jésus, renonçâtes au brillant avenir que vous offrait le monde ; sainte Euphrasie, je vous prie de m'obtenir la grâce de tout mépriser pour Jésus, de tout recevoir

des mains de Jésus, et de ne jamais rien aimer que ce ne soit en
Jésus.

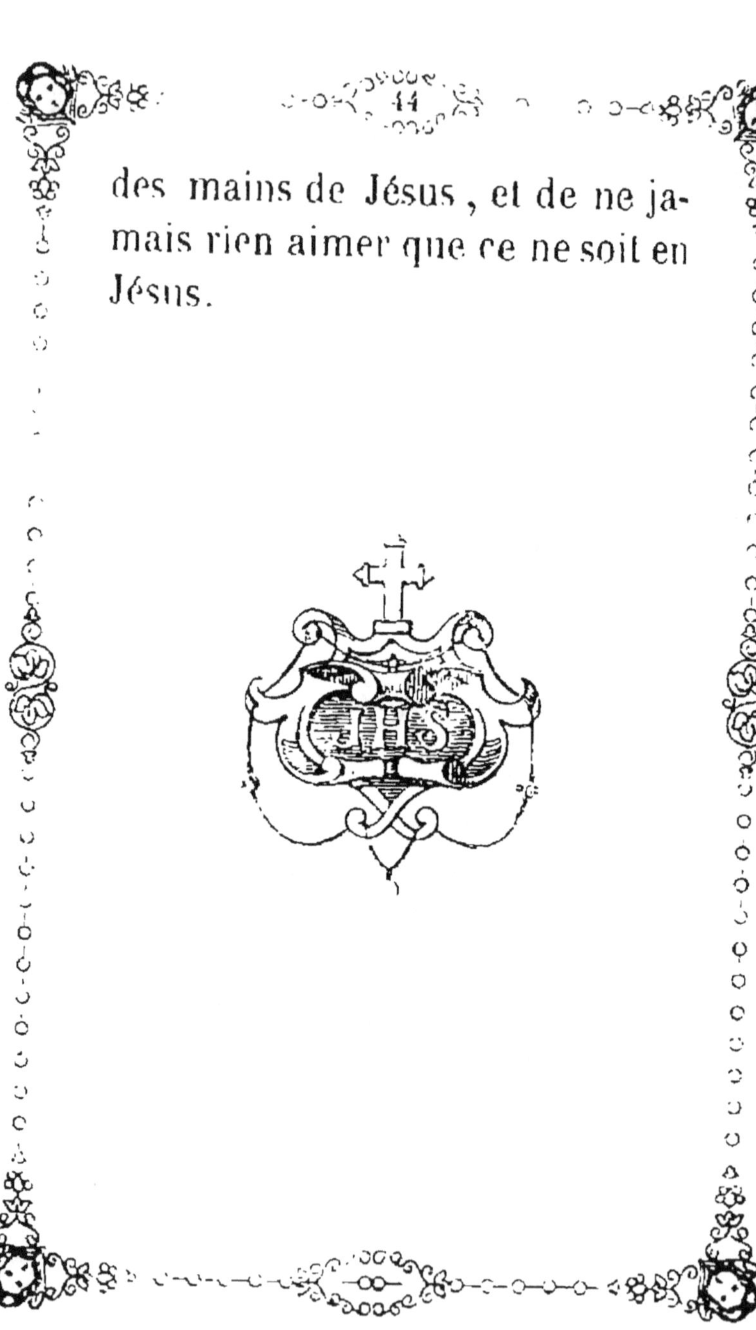

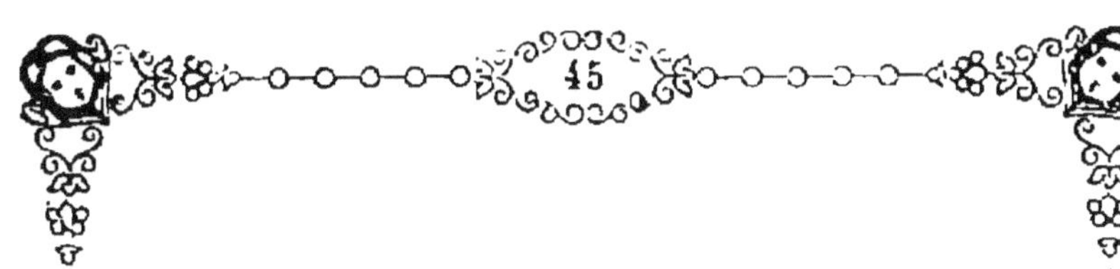

# VIE

## DE

# SAINTE AGNÈS

### VIERGE ET MARTYRE

L'an 304 ou 305

46

## DE

# SAINTE AGNÈS

Saint Augustin observe que le nom d'Agnès signifie *chaste* en grec. Notre Sainte justifia bien la signification de son nom, car elle préféra la mort à la perte de la chasteté, et elle a mérité de devenir à jamais la patronne des filles chastes et d'être invoquée par tous ceux qui veulent garder au Seigneur le trésor précieux de la chasteté.

Prudence parle de notre Sainte dans son hymne 14, et saint Ambroise dans son livre *de Virginitate.* « Tous les peuples, s'écrie encore saint Jérôme, se réunissent pour célébrer dans leurs discours et dans leurs écrits les louanges de sainte Agnès, qui sut triompher de la faiblesse de son âge, comme de la cruauté du tyran, et qui couronna la gloire de la chasteté par celle du martyre. » Sainte Agnès a toujours été spécialement invoquée avec la mère de Dieu et avec sainte Thècle, pour obtenir la vertu de pureté. Rome fut le théâtre de ses combats et de son triomphe. Selon saint Augustin et saint Ambroise, notre jeune vierge n'avait que douze à treize ans lorsqu'elle fut martyrisée. C'était au commencement du iv^me siècle l'an 305, peu de temps après le commencement de la persécution que le tyran Dioclétien alluma contre l'Église.

Les richesses et la beauté d'Agnès portèrent plusieurs jeunes gens des premières familles de Rome à la rechercher en mariage : mais elle leur répondit constamment à tous, qu'elle avait consacré sa virginité à un époux céleste et invisible aux hommes. Ces prétendants, voyant qu'il leur serait impossible de la gagner, se liguèrent ensemble pour la perdre et la dénoncèrent au juge comme chrétienne. Ils espéraient encore voir fléchir sa résolution devant les menaces et l'appareil des tourments. Le juge employa d'abord les caresses et les promesses, mais la Sainte répétant toujours avec fermeté qu'elle n'aurait point d'autre époux que Jésus-Christ, il prit un ton menaçant dans l'espérance de l'effrayer. Il se trompa ; Agnès montra, dans un corps faible et délicat, une âme virile et intrépide qui ne soupirait qu'après le martyre. Dans le but de l'épouvanter, on alluma devant elle un feu terrible, l'on apporta sous ses yeux les ongles de fer, les chevalets et tous les instruments qui servaient aux supplices. Mais la jeune vierge considéra tout cet épouvantable appareil sans la moindre émotion. Environnée des bourreaux, son visage garda la sérénité ; on eût dit une créature céleste et au-dessus de la souffrance. Loin de s'intimider, Agnès osa faire éclater sa joie et s'offrit d'elle-même pour endurer les tortures dont on la menaçait. Cette intrépidité sans exemple fit l'étonnement des juges et des bourreaux. On la traîna devant les idoles pour la forcer de leur offrir de l'encens : « Mais elle ne leva la main, dit saint Ambroise, que pour faire le signe de la croix. »

Le gouverneur, voyant l'inutilité de ses mesures, menaça la

Sainte de l'envoyer dans un lieu de débauches où cette chasteté, qu'elle prisait tant, serait exposée aux insultes d'une jeunesse libertine. « Jésus-Christ, répondit Agnès, est trop jaloux de la pureté de ses épouses, pour souffrir que cette vertu leur soit ravie; il en est lui-même le gardien et le protecteur. Vous pouvez répandre mon sang; mais pour mon corps qui est consacré à Jésus-Christ, vous ne pouvez le profaner. »

Le juge, transporté de colère, ordonne que sa menace soit mise à exécution. La jeune vierge est conduite dans une maison d'infamie, mais Dieu protégea si visiblement sa servante, qu'aucun des jeunes gens débauchés qui étaient présents n'osèrent s'approcher d'elle, ni même la regarder, à l'exception d'un seul qui, plus hardi que les autres, voulut arrêter les yeux sur elle. Il en fut puni sur-le-champ : renversé par terre par un éclat de feu invisible qui le laissa aveugle et à demi mort, il ne recouvra la vue et la santé que sur les prières de la Sainte, qui eut pitié de son état et, sur l'heure, conjura Dieu de lui pardonner.

De tels miracles se renouvelaient souvent dans ces temps de persécution : Dieu, voulant montrer le cas qu'il faisait d'une vertu jusque alors inconnue au monde, se montrait le vengeur de la chasteté de ses vierges vis-à-vis les idolâtres qui voulaient l'attaquer. Saint Basile nous assure que, lorsque les persécuteurs exposaient les vierges chrétiennes à la brutalité des libertins, Jésus-Christ prenait miraculeusement la défense de leur chasteté. Tertullien disait aux païens : « En exposant les vierges chrétiennes plutôt à une jeunesse corrompue qu'à la fureur des lions, vous avez reconnu qu'il n'y a point de peine, ni de genre de mort qui ne soit plus tolérable à un chrétien qu'une injure faite à sa chasteté. Mais quel a été l'effet de ce raffinement de cruauté ? Vous avez par là multiplié le nombre des prosélytes de notre sainte religion. »

Le persécuteur d'Agnès, se voyant trompé dans son attente et méprisé par une jeune fille qui défiait ses colères, la condamna à être décapitée. Elle entendit prononcer cet arrêt avec joie, et la vue du bourreau chargé de l'exécution de cette sentence la fit tressaillir d'allégresse. Le bourreau ayant encore essayé de la faire changer de résolution, conformément aux instructions secrètes qu'il avait reçues, elle répondit toujours qu'elle ne trahirait point la foi qu'elle avait jurée à son divin époux. Elle fit ensuite une courte prière, puis baissa la tête tant pour adorer Dieu que pour recevoir le coup qui consomma son sacrifice. Les spectateurs furent émus en voyant tant de jeunesse, de beauté et d'avenir sacrifié sous le fer du bourreau; mais l'intrépidité de la jeune fille en présence de la mort, son sourire à la vue du fer qui va l'immoler, c'était là un spectacle qui surprenait les païens et les forçait presque toujours à admirer une religion qui formait de tels courages et faisait briller par delà le tombeau de si grandes espérances.

Le corps d'Agnès fut enterré tout près de Rome sur le chemin de Nomento. Du temps de Constantin le Grand on éleva sur son tombeau une église que le pape Honorius Ier fit réparer dans le septième siècle; elle subsiste encore aujourd'hui hors des murs de Rome; mais Rome possède en outre, dans l'enceinte de ses murs, une magnifique église bâtie par Innocent X, sous l'invocation de cette Sainte.

La fête de sainte Agnès est marquée dans tous les martyrologes d'orient et d'occident. Son nom se trouve dans le canon de la messe. L'Eglise latine célèbre sa fête le 21 janvier. Saint Ambroise, saint Augustin et d'autres Pères ont fait le panégyrique de notre Sainte. Saint Martin de Tours avait pour elle une dévotion singulière. Nous voyons dans plusieurs endroits des ouvrages de Thomas à Kempis, qu'il l'honorait comme sa principale patronne; il parle des miracles opérés et des grâces reçues par son intercession.

Deux beaux tableaux de sainte Agnès enrichissent le musée royal, l'un au moment où elle rend la vue à un jeune homme, l'autre dans l'instant où elle va recevoir le coup mortel.

Quel exemple admirable que celui qui nous est offert par sainte Agnès, préférant les tortures et la mort à la perte de sa virginité! qu'elle est aimée de Dieu cette vertu angélique!... Mais si tous ne sont pas appelés à rester vierges, tous au moins doivent rester purs et vivre chastement. C'est même à la chasteté que se trouve attaché le bonheur de la vie présente et l'assurance de posséder les félicités de la vie à venir.

Sans doute la vie présente n'est pas le temps des récompenses du juste. Si la vertu recevait si vite son salaire, on la traiterait d'intéressée, on serait en droit de lui contester son mérite, sa beauté, sa gloire.

Cependant d'un autre côté, si elle ne recevait dans ce monde aucune espèce d'encouragement, plusieurs douteraient de la Providence, et ne sauraient trop quel esprit tient les rênes de l'univers.

Dieu, dans sa profonde sagesse, a donc pris un terme moyen, tantôt éprouvant le juste durant son passage ici-bas, tantôt lui jetant au front un rayon de gloire céleste, ou dans le cœur une goutte d'or de l'éternelle félicité.

Homme, veux-tu donc cueillir sur la terre quelques fleurs du ciel? Ne les cherche pas dans le champ du vice? tu n'y trouverais que des fleurs d'enfer!

Veux-tu le bonheur solide, qui laisse dans l'âme une longue paix et une immortelle espérance? Sois chaste.

Veux-tu conserver un cœur capable d'amour pour Dieu et de charité pour tes frères? Sois chaste.

Veux-tu connaître les douces larmes, les extases de la vertu, de la foi et de la prière? Sois chaste.

Veux-tu supporter la vie avec

ce courage qui descend d'en haut en même temps que l'épreuve, et qui émousse les traits du malheur sur la poitrine de l'homme fort? Sois chaste.

Veux-tu d'une vieillesse auguste qui vienne en son temps, couronner ton front de cheveux blancs et d'honneur? Sois chaste.

Veux-tu sourire à la mort comme tu ferais à un ange venant au nom du Seigneur, t'ouvrir les portes du ciel? Sois chaste.

Veux-tu que ta tombe exhale un parfum d'immortalité? Sois chaste.

Veux-tu que ton souvenir, quand tu auras quitté cette terre, prêche à tes petits enfants la vertu? Sois chaste.

Veux-tu qu'après toi ta race soit bénie de Dieu et des hommes, comme la postérité de Tobie? Sois chaste.

Que veux-tu encore? Demande, Dieu ne sait rien refuser à l'âme pure: elle le verra face à face dans les splendeurs de l'éternité.

Sois chaste pour Dieu, et Dieu est à toi!

O Agnès dont le nom signifie chaste, et qui avez mérité par votre amour pour la chasteté de devenir, après la vierge Marie, la patronne de ceux qui veulent garder à Dieu leur cœur pur ; ô martyre généreuse de la virginité, obtenez-nous de Dieu de garder purs à ses yeux et nos corps et nos âmes. Sainte Agnès, priez pour nous.

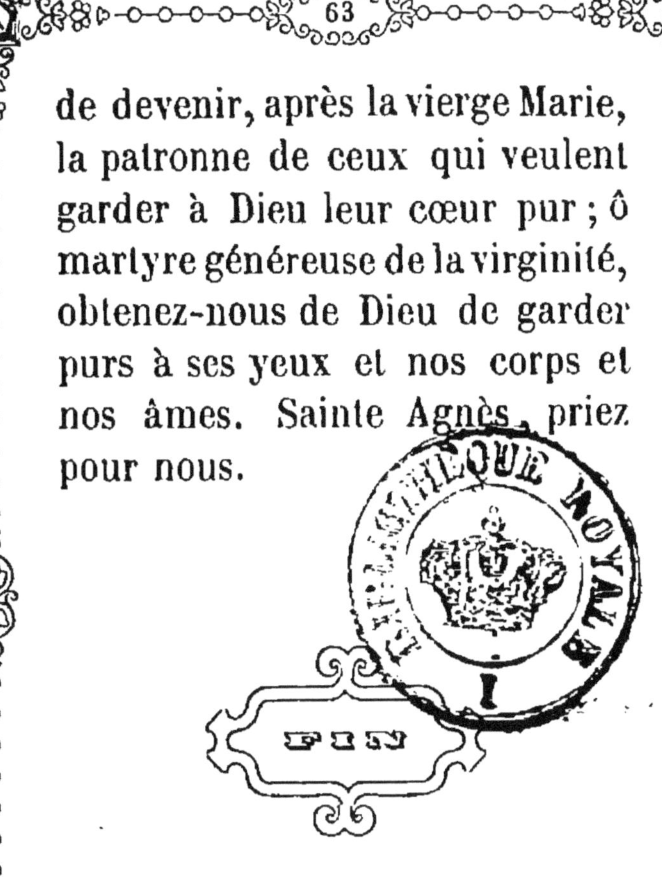

FIN

Tours, imp. de Mame.

64

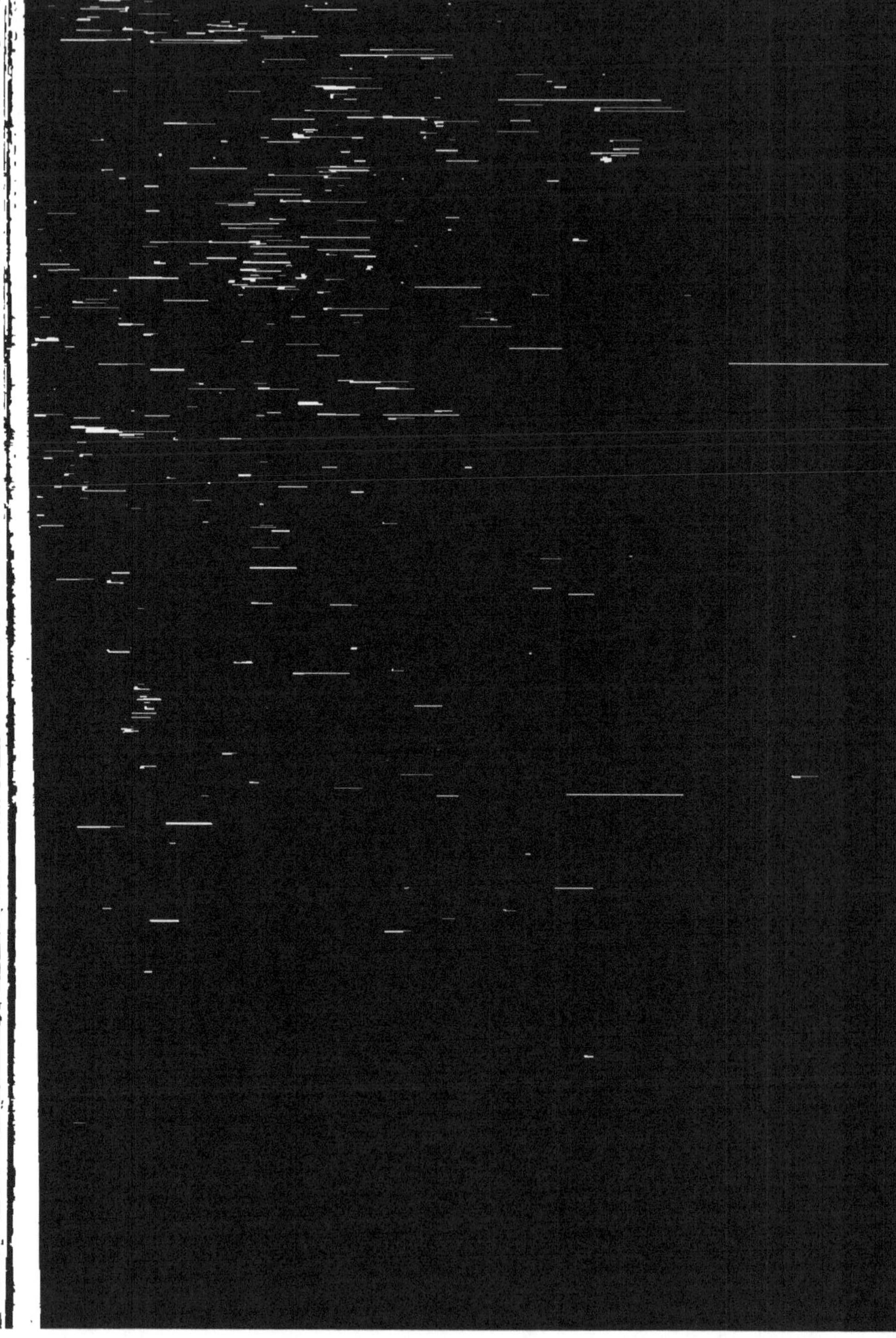